JN438086

청옥 빛 향기

청옥빛 향기

靑錄 최경식 詩人 세번째 시집

도서출판 청옥문학사

홍두화 난꽃

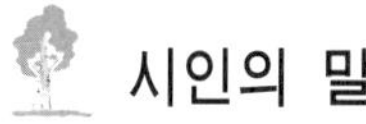

시인의 말

창가에 앉아 밤 하늘을 바라보니 작은 별이 순간에 사라지는 솔 솔 부는 바람에 사색하며 묻어오는 향기에 젖어 본다.

사는 것이 무엇인가 정지하지 않은 시간은 지나가고 있고 하고픈 일들은 많지만 마음에 부자를 만드는 것이 첫 번째 행복이라고 생각된다.

철학자가 남긴 글에는 삶은 방향을 잘 잡아야 행복의 길이 열린다는 글이 생각난다. 생명이 있는 한 즐거움을 만들며 보람된 일을 하는 것이 행복이라 본다면, 좋은 흔적을 남기고 떠나는 것도 멋진 인생길이 되며, 문학을 하는 것은 행복을 만드는 길이라 생각된다.

하고픈 말을 글로 표현하며 세상에 돌아다니게 할 수 있고, 감동에 젖게 하여 기쁨도 줄 수 있으니, 그저 바라지 않고 긍정의 마음을 만들며 좋은 모양만 보고 글을 쓰는 나만의 시간은 참으로 행복을 느낀다.

청옥 빛 향기 문학을 하면서 나의 길을 만들어 준 청옥문학과 홍빛 시 동행을 청옥 빛이라고 말하고 싶으며 함께해 준 회원들은 귀한 그대들이다.

변치 않는 청옥보석처럼 삶의 향기로 가장 빛나길 바라면서 아주 작은 점 같은 흔적인 이 시집을 내어 놓는다.

3집 출판을 위해 수고하신 분께 감사를 드린다.

2012년 5월 10일

청옥문학 서실에서

저자 최 정 식

청옥빛 향기

詩人의 말

제1부 감동을 준다면

제2부 향기를 찾아

청옥 빛 향기

제3부 삶의 풍경

제4부 흔적

제 1 부

감동을 준다면

청주 청남대

가는 길

어디로 갈까
방향을 모르는
새털구름은 가고 있어
달리는 차는 어디에 세울까

공기 좋고 풍광이 좋은 곳에 세워
바람과 악수하는 쉬어가는 길목
즐거움이 되는 인생의 여정으로

텅 빈 마음에 잡념이 침범 못하도록
무엇을 채워 넣는 것이
기쁨과 보람이 될까

좋은 것은 차곡차곡 쌓아 저장하고
귀한 풍광을 찾아 계절을 딛고 서면
새 봉오리가 마중할 때

비문을 세워놓고 지나가면
뒤 따라오는 그대는 눈정*이 생겨
고운 마음이 생기지 않을까.

* 눈정: 보고 느끼는 정분

가슴속에 영원히

산다는 것이 무엇인가
어렵고 힘들게 고지를 올라가니
내려갈 일이 걱정되어
화려한 빛은 짧은 시간에 지나지만
흔적은 오래 남는 것이니 그래서 선호하는지

누구나 바라는 저 높은 고지의 정상도
내 마음이 편해지는 것이 아니면 소용없는 것
꾸중보다 칭찬에 쫓아가려고 애쓰며 시간을 잡아도

자신으로부터 많은 사람들의 갈등과
모르는 숨은 고통도 있었으니
진정 내가 꿈꾸는 동산이 그리워서
한포기 꽃을 심으며 편하게 살려는 마음도

제대로 되지 않는 것이 현실이니
타인의 고통을 대변하는 가슴 아픈 비극
무너지는 마음이 감당이 안 되어

끝내 고향의 바위에서 이별을 하는
순수한 마음의 아름다운 흔적은
수많은 사람들의 가슴속에
꿈틀거리며 남아 있을 것이다.

* 노무현 대통령 서거 후 쓴 것.

가을

그대와 나 사이엔 여름이 있어
차 한 잔으로 그리움과 함께
가을엔 울긋불긋

변색하는 나뭇잎 사이로
간들바람*타고 불어오는 향기는
사랑이 쌓이는 풍요로움이 생기며

빨간 우체통엔
소식 없는 낙엽이 한 장씩 날아오고 있어
막새바람* 안고 오는 가을

부족함이 있는 공간을 채워주는 포만감
밤하늘에 은하수가 초롱초롱할 때
그리움을 나누며
모진 여름이 치빼니* 미소가 생긴다.

* 간들바람: 부드럽게 가볍게 살랑 살랑 부는 바람.
* 막새바람: 가을에 부는 신선한 바람.
* 치빼니: 냅다 달아나니.

바람

불어오는 바람결에 매달린 향기
지나치며 남겨둔 그리움으로
늘 그대 곁을 떠나지 못하고
바람의 무게로 낙엽을 뛰게 하여
몰아붙이며 어디로 데려갈까

단댓바람*이 한번인사하면
우수수 떨어지는 낙엽은 알숭달숭
내 마음에 차가움을 보내버리면
따스한 마음만 남겠지
바라보는 시각에 따라
감동의 마음도 틀리지 않을까

살얼음 생기는 초겨울엔
옷깃을 세우고 뚝길을 거닐면서
이 생각 저 생각하다보면
시간은 어느새 멀리 가 있어
바람은 강약으로 멋진 소리를 만들고
늘 필요한 삶에 동행자처럼
함께하는 바람이 오늘은 무척 사늑하다*.

* 단댓바람: 단번에 곧장 부는 바람
* 사늑하다: 아늑한 느낌이 있다.

가을에 서서

햇귀를 바라보며 바닷가에 서니
붉게 물든 바다는
새 힘으로 가슴에 벅차오고 있어

수많은 애한哀恨과 어려움도
세월에 밀려가고
여유가 생기는 지금

못 잊어 타오르는 마음으로
코스모스 꽃을 바라보니
은은히 새바람이 가슴을 두드린다

달빛이 물결을 흔들면
보고픈 마음에 헤매고 있어
고운 향기가 있는 그대
아롱거리는 가을에 찾아오는 단풍잎.

가을의 연인

한낮 땡볕에도 웃으며
들녘을 물들이는 꽃
실바람에 하늘하늘

그대를 부르는 향기를 날리어
지나치던 노랑나비 찾아오게 하고 있어
꽃 무덤에도 피어나고
푸서리* 땅에도 알록달록
예쁘게 부끄럼 없이 잘 정착하는 미인

내 마음에 기쁨을 주는 가을이면
어김없이 찾아오는
잊지 못하는 연인 같은 꽃
멀리서부터 고운 빛깔로 흔들거리면

눈맛이 생겨 즐거워지고
들뭇하게* 피어 뽐내는 코스모스
가실볕*에 그대 향기 찾아다니며
행복한 시간을 만든다.

* 푸서리: 거친 땅.
* 들뭇하게: 분량이나 수효가 어떤 범위 안에 가득.
* 가실 볕: 가을볕.

가을 향기

불어오는 바람에 율동하는 낙엽
바람이 불면 우르르 모여 달음질하며
바람이 지나가면 풀썩 주저앉고
세찬 바람 불어오면 또 일어나서
뛰어가는 낙엽은 바람과 구순하다*

은은한 향기처럼 가을의 소리
가슴 깊게 숨어들고
하늘엔 조각조각 뜬 구름
하염없이 흘러가고 있어
산들은 온통 울긋불긋
옷을 갈아입으려 한다

마지막 장식을 하려는 나무처럼
내 마음에 낙엽은 알록달록 오색으로
변색시켜 날려 보내고
서늘한 바람에 옷깃을 세워
낙엽 따라 겨울의 문턱을 밟는다.

* 구순하다: 사이가 좋다.

가을의 만남

시월 들녘엔 코스모스 하늘거리고
온 산을 아름답게 물들여 놓은
울긋불긋한 단풍은 기쁨을 주는 풍광

청옥이란 보석이 갯벌에 묻혀
조금씩 모습을 보이는
몇 해의 시간들

모양을 갖춘 귀한
녹색문법을 알리는 여기
전국에서 모여든 지인들과 함께
웃음 짓는 시간을 추억에 담아 본다

삶의 향기로 잠시 머물다가
세상에 빛으로 남겨놓고 떠나면
뒤에 오는 빛깔은 바람에 실려
푸른 향기로 그리움으로
지구촌 곳곳에 살포시 내려앉길.

간밤에 내린 비

주룩주룩 내리는 빗줄기 사이로
지나가는 바람처럼
묵은 때를 씻는 소나무
빗물을 털어낸다

아픔을 빗물 털듯이 떨쳐낼 수 있다면
삶에 어려움은 벗어날 수 있겠지
하염없이 내리는 빗줄기를 바라보면
왠지 서글퍼질 때가 있어

정신없이 공상 속에 뛰어가다가
천둥 소리에 정신 들고나니
비는 뚝 그치고
배시시 햇살이 미소 지으니
간밤에 악몽 같은 비는 간 곳이 없어
꽃향기가 날아오니 창살이 웃고 있다.

감동을 준다면

가을의 단풍처럼 마음까지
울긋불긋하게 물드는 계절
삶 속에 나 자신을 돌아보니

얼마나 자신을 상념 하고
좀 더 충실한 길로
열정을 쏟았는지

나만의 향기를 만들기 위해
내가 가지고 있는 능력을 노란 은행잎처럼
나의 마음의 색깔로
그대들을 감동 시킨다면

나만의 독특한 향기는 줄대처럼
오랫동안 갈 것이며
나에게는 부메랑처럼
행복으로 돌아올 것이다.

구름 위에서

덜꺼덩거리며 한참 질주하드니
윙 소리를 내며 비행하니
푸른 하늘엔 뭉게구름이 빛난다

구름 위에서 아래에 있는 구름을 내려보며
지상에서 공중으로
조금 전 생각은 내려놓고 안내방송소리 듣는다

고도 6,700미터 상공에서 시속 700키로
비행한다는 방송
소리만 날 뿐 진동은 없지만 상공이라고
생각하니 마음이 찹찹해 진다

짧은 비행시간
여객기 내에는 기쁨을 주려고
승무원의 고운 미소와 게임으로 즐거움이 생겨

상공엔 청 빛만 보이는 것도 잠시
도착방송으로 체공 시간은 끝나고
착륙한다니 아쉬움과 편안한 마음이 생긴다.

겨울의 아름다움

낙엽이 툭 떨어지면 속살만 남기고
차가운 바람에 견디고 빗물도 흡수하며
겨울을 넘기려한다

이별을 만드는 것은 만남이 만들어 지며
떠나는 아픔보다 만남의 기쁨을 기다리며
가냘프게 하나 달린 낙엽은
언제 떨어질지 몰라도 수심이 없다

흔적 없이 떠나는 여객선처럼
가을을 보내면 찬바람이 귓전에 찾아오고
첫눈을 기다리는 마음 때문에 첫눈은 내리고 있어

첫눈이 내리는 밤은
사색으로 외로워하지 않고
그리운 임과 함께
추억의 발자국을 만들며 미소를 짓고

추운 겨울이 있기 때문에
따스한 사랑이 더욱 그리워져
그대를 생각하며 따스한 가슴으로
그리움을 만드는 계절로
보람을 만든다면.

구월산 코스모스

햇볕에 이글거리는
향기가 유혹하는 들녘
알록달록 색깔을 만들어 놓고

늘씬한 몸매로 하늘거리며
속살을 보이는 율동에 매료되어
눈을 떼지 못하고
이리저리 끌려다닌다

코스모스향기는 입술을 적시며
기다림을 만들고 있어
묏바람*위를 걸어오는 그대
함께 어울려 아름다움을 만들어
외로움 마음에 기쁨을 주고

멀리서 부르는 손짓은
눈맛부터 생겨
하얀 코스모스의 순정에 젖어
코발트 가을하늘 바라보며 감상하니
깊은 가을의 참맛으로 촉촉해진다.

* 묏바람: 산에서 부는 바람.

그날까지

항상 옆에 있어도
잡을 수 없는 청정 공기처럼
진정 잡고 싶은데 잡지 못하고
꽁무니만 따라가면
지나고 나면 아쉬움이 남아
서글픔이 생긴다

미련에 돌아보면
세월은 저만치 넘어가 있어
따스함에 웃는 시간 머뭇거리면
어느새 사늘한 냉기가 가슴을 누르고
삶이란 절벽을 오르는 것처럼
언제 떨어질 줄 모르는데

저 위에 꽃을 따고 싶은 욕망에
벼랑도 보지 못하고 가는
서글픈 그대들이 많아서 안타까움이 생긴다

후회할 때는 이미 먼 곳에 갈 것이니
어리석음을 멀리하고
문학의 아름다움을 맛보는 것이 참으로 좋다

마음에 글을 쓸 수 있고 한 편의 흔적을
만들어 남길 수 있으니
난 지금도 공간 속에 헤맨다
감동의 글을 찾으려고
생을 다하는 그날까지.

그리운 그대

그대가 그리워지면
비 온 뒤 무지개처럼
부르지 않아도 뜨는 것같이
저 먼 곳에서 미소를 짓고

붙잡지 않아도
내 가슴에 떠나지 못하는
그대가 보고 싶다

딱 한 번 스친 그대 향기는
오랫동안 나를 기쁘게 하며
낭랑한 목소리는 내 귓전에 맴돈다

만나면 헤어져야 하는 아픔
이별은 새로운 만남을 의미하는지
그대 향기를 좇아 다니며

만남을 마냥 기다리며
아픔의 세월을 먹고
다시 만나진다면 다솜*으로 묶어
떠나지 못하게 하련다.

* 다솜: 애틋한 사랑의 옛말.

기다리는 새벽바다

너울거리는 파도 위를
구르는 바람처럼
세상 삶이 고르지 못한
파도같이

세월 따라 숨어있는
그늘을 찾아 쉬어 보려고
사랑을 만들어 그리움을 쌓으며
바람 따라 간다

어눅한 새벽바다
붉은 마음으로 희망을 주는 햇귀처럼
따스한 그리움으로
흔적을 남기고 떠나는 연속은
기다림을 만들어 놓는다.

기다림의 세월

이기대 방파제에서 수평선을 바라보니
은비늘처럼
반짝이는 파도는 출렁거린다

미리내*가 초롱초롱하고
달빛에 비치는 그림자가 아롱거리면
그대가 더욱 그리워진다

두부모 같은 세상에 갇힌 마음은
진정 사랑만이
행복을 만들 수 있어

푸른 하늘을 노을로
붉게 물들이는 세월
삶이 소나무 잎에 달린 것처럼
그리움이 쌓이면
그대가 더욱 보고 싶어

많은 세월 기다려도 만나지 못하고
불어오는 솔바람에 스미는 향기로
마음 달래려고 서성거리며
그대를 기다리는 새벽을 꿈꾼다.

* 미리내: 은하수.

나는 파도

오늘도 울리라
한 가닥 거미줄 같은 희망을 안고
목 놓아 한없이 한없이 소리 높이 내어 울리라
철썩철썩

나는 소리 내어 목 놓아 우는 파도가 되었네라
너의 가슴에 사랑의 노크를 힘차게 두드리고 있어
그대는 나의 사랑에 흠뻑 젖었노라
소리 내는 파도는 나의 마음

성난 파도는 사랑이니라
힘차게 밀려오는 저 푸른 파도는
너를 단숨에 삼키었노라
나의 사랑하는 마음이 말없이
그대 사랑에 흠뻑 젖었노라

이제 목 놓아 소리 내어 울었네라
사랑한다고 사랑하고 있다고
넌 나의 가슴에 안기었노라
그대를 안고 저 푸르고 조용한 행복의 나라로
웃으며 날아갔노라
철썩철썩

푸른 햇살이 비친다
찬란한 행복의 나라 그대와 나의 웨딩마치
영원한 행복의 웨딩마치 철썩철썩.

1969년 10월 쓴 시

나의 길

하얀 백지 위에 점
그 점의 길이에 살면서
많은 애한이 생기는 것이 세상인 것
여기저기 기웃거리며
공간의 즐거움을 찾으려고

바람의 전언을 들으며
구름의 흔적을 바라보며
세월 따라 가고 있다

인연으로 맺어진 동행과 웃으며 가려고
떨어지는 낙엽 속에
예쁜 낙엽을 찾아 간직하며
생명을 넣고 있다

보람을 얻는 글을 남기려고
책도 읽고 하루 속에 일어난 일들을
기록하고 반성도하며
흔적을 만들고 있다

날이 밝으면 또 새로운 풍경을 찾아
기쁨을 기록하려고
계획을 세우는 마음엔
늘 행복의 여정으로 가게 된다.

소장품

간밤에 내린 비로
내 그림이 빛난다

깨끗이 목욕한 청 빛
정든 길을 사뿐거리며
바람 따라 춤추는 송백

언제나 그 자리를 지키며
새소리도 듣고
꽃향기도 맡으며 늙어간다

인생도 송백처럼
그저 묵묵히 쓰다 달다 하지 않고
인품을 만들어 늙어가며
한 폭의 그림을 그려놓고

누가 가져갈 염려 없는 멋진 풍광을
나의 소장품으로

보고 싶으면 언제나 감상하며
상쾌한 아침을 맞이한다면.

난초

난초가 베란다에서
나를 기다리고 있다
며칠을 바빠서
찾지 못해서인지
우울해 있어

난 잎의 고고한 자태는
변함없이 쭉 올라온 꽃대는
향기로 꼬리를 친다

사랑이 부족하면
금방 표현하는 모습
늘 함께하는 마음은

지루함이 없어지고
바라보고 있으면
시간 가는 것도
향기에 젖는다.

남해 개펄

해초냄새 풍기는 바다
작은 구멍 속에 애착
꿈틀거리며 집게발로 끌어당기는
생명체 살아가는 과정

황홀한 서녘 해 담아도 변치 않는 개펄
마음을 추억에 몰아넣고
먼 수평선에서 밀려오며
텅 빈 마음에 꿈틀거리는 생명의 빛

남해 개펄 맞닿는 언덕 위에는
스크린 담은 흔적이 있어
삶의 존재를 인식하는
한 피사체 그늘은 살아있네.

제 2 부

향기를 찾아

귀한 소나무

내 생애 남겨둘 그대

생애 보람으로 남겨둘 그대
홍 빛 같은 햇살 꽃으로
내 입술을 물들이고
따스한 향기로 내 마음을 불 질러

바다에 빠진 노을 속에 세상을 바라보며
한 조각 남은 그리움
내 생애 남겨두고 떠나지 못하게
그대와 요람을 만들어

푸른 바다에 가치노을*처럼
발버둥치는 삶 속에 공간으로
한마디로 새겨둔 꿈틀거리는 사랑

스치는 곳마다 흔적으로
무한을 저장하는 반도체처럼
그대가 좋아하는 나들목에 걸어두련다.

* 가치노을: 풍랑이 일 때 솟아오르는 하얀 물거품.

단풍

울창한 녹 빛이 떠나는 계절
산들바람에 조금씩 색을 먹으며
고운 빛깔로
흔들리며 갈아입고 있다

노란색만 먹는 나뭇잎
빨간색만 먹는 나뭇잎
제각기 맞는 옷을 입으려고
불어오는 바람을 품는다

취향에 맞는 옷으로
온 산을 휘저어 보며
그대들을 부르고 싶어
별빛 떨어지듯이

정든 푸른 옷은 벗어 버리고
계절에 맞게 화려한 변색으로
멋진 비행을 하면서
가을의 묘미를 준다.

단풍 방

가실볕이 주는 마음의 방
온통 울긋불긋하게 채색된 단풍

밤송이는 입을 벌리고
붉은 밤알은 바람이 불면
툭 떨어지는 풍요로움

단댓바람*에 우르르 소리와 함께
비행하는 진풍경
언제나 내가 찾는 자리에 낙엽
어깨에 앉으며 인사하고

단풍 방에 가면 마음이 따스해져
풍요로움을 생기니
찾아가는 즐거움을 주는 이 계절
행복의 참맛이다.

* 단댓바람: 단번에 곧장 부는 바람

가을의 느낌

가을이 오면 붉은 단풍은
아름다움을 주며
계절을 넘어오며 하나씩 모은
흔적을 정리한다

빨간 신호등이 있어도
세월은 정지하지 않으니
마음의 여백을 만들어
잠시 뒤를 돌아보면
울긋불긋 물든 단풍이 쌓여있어
가을의 맛을 느낀다

흔들리는 대나무 소리는
귀맛이 생기고
높은 하늘에 뜬 구름 바라보며
아쉬운 일들을 다 내려놓고

떨어지는 낙엽을
순조롭게 받는 땅처럼
세월에 순응하며
깊은 가을 풍경에 감동하면서
계절을 넘어간다면.

대금굴

운무가 자욱한 비경
계곡의 물줄기 따라 간 대금굴
긴 터널을 기차를 타고 가니

넓은 평야 같이 넓은 곳
떨어지는 물방울에
새로운 온도가 형성되어
그들만의 세상이 된 곳

수 억년을 베일 속에 갇힌
비밀이 쌓인 동굴엔 계곡도 있고
폭포수에 떨어지는 물소리는
엄청난 굉음을 낸다

산호가 커튼처럼 종유석이 형성되고
광장 한 곳엔 새 형상의 종유석 위에
마리아상 석순이 있는 궁전 같은 곳

사랑의 하트 모양으로 형성되어
숨 쉬는 성장의 비밀과
막대형 석순의 신비로움
백두산 천지를 닮은 천지연이
잘 보존된 광경 마음에 담아왔다.

독도

동남쪽 끝에 작은 돌섬
천연의 빛깔로 보존된 풍경
괭이갈매기는 암벽에서 서식
독도의 경비 역할을 하고

수많은 철새들 비행하는 쉼터는
수 억겁의 세월 지나도
변치 않는 신비의 섬

샛바람*은 안개와 함께
독도를 덮쳐도
희망의 노을빛은 물들고 있어

너울거리는 하얀 포말처럼
끊임없이 압박해도
변할 수 없는
민족의 혼이 있는 여기

섬나라 흑심으로
함부로 나부랑거리다
재앙을 만들 것이다.

* 샛바람: 동풍을 이르는 말.

돌

나는 돌을 좋아 한다
아무리 속에 넣으려 해도
넣을 수는 없어도 좋은 것이 있어
변하지 않는 그 마음이 참 좋다

높은 산을 지키는 돌도 있고
병풍을 만드는 바위도 있으니
아름다움을 주는 풍경도 돌이 있어야
비경이 만들어지며
흔들림 없는 마음도 숨어 있으니

멋진 청석을 찾아
나의 마음을 새겨 넣는다면
이보다 더 좋은 것은 없겠지

천년만년 변하지 않고
나의 마음이 들어 있으니
난 돌을 좋아한다
언제나 찾아가도
늘 그 모습 그대로 있으니.

동백섬에서

저녁노을이 붉게 물든
동백섬에 앉아보니

노을 따라 흘러가는
조각구름은 붉은 옷을
걸치고 가고

노을이 빠진 바다는
황금물결로 세월을 저어가며
출렁출렁
지치지 않는 생동감이
사색에 젖게 한다

붉은 옷을 입고 떠다니는
한 잎의 낙엽
둥실둥실 파도를 타며
인어 동상 옆을 떠날 줄 모르네.

동행 길

바람에 나풀거리는 꽃향기처럼
눈방울이 빛나는 그대는
꽃을 찾는 나비 되어 날아오고

녹 빛 바다에 하얀 파도처럼
꽃봉오리가 숨은 산 능선
사랑의 향기는 압축으로
여기저기 숨어있어

함께 가는 길은
온 천지를 덮어버린
눈꽃이 만든 세상

그대와 보람으로
새로운 만남의 그날까지
그리움을 만들어 추억에 쌓아 두고
아카시아 꽃을 찾는 꿀벌처럼
함께하련다.

동행

세월을 따라 가면서
사랑을 주고

배려의 마음을 얻고
기쁨과 희망으로

그들의 손을 잡고
정을 만들며

삶의 여행을 즐기며
함께 동행 하련다.

마음에 빛

삶에는 염려될 때도 많지만
긍정의 마음이 필요할 때가 많아
꽃씨를 뿌리면 꽃이 필까 염려하지 말며
꽃이 피어도 좋고 안 피어도 좋다

여유의 마음을 가지고
행복을 만드는 축원으로
생각하면 잘 될 것이고
거세게 파도에
부딪치면 침몰하니
비우는 마음으로 산다면
행복은 소복이 쌓이겠지

태양이 뜨겁게 쬐는 더운 날
갑자기 비가 내린다면
꽃은 미소를 짓겠지만
불편도 있겠지만
비 때문에 여백을 시간을
만든다면 기쁨이 오겠지.

목탁 소리를 찾아

울적하고 차가운 마음이 생기면
우박 같은 동그란 염주 알을 굴리면서
마음의 때를 씻으려고

저 멀리 들려오는 목탁 소리는 똑같이
흔들림이 없이 마음을 두드리니
아픔도 사라지며 따스한 마음이 생긴다

산사를 찾아 목어에게 인사하며
톡 톡 톡 세 번을 두드리며
소원을 빌고 조용히 법당에 앉아서
목탁 소리 들으면 환희가 생기니
목탁 소리가 점점 좋아진다.

일광 바다에서

추억 속으로 흘러가는
세월 속에
인연의 실타래를 풀어본다

햇살의 무게만큼
경쾌한 새소리로 암벽을 유유히 지나
서러움 같은 파도 속으로

끝없이 달려도
바다 같은 그대 가슴에서
벗어날 수 없어

어둠처럼 까맣게 타들어가던
지난 시간들
반짝이는 별빛 속에 가둬 놓고
깊어가는 밤이면 별을 열어
소망을 품으며.

바람

파란하늘엔 새털구름
둥실둥실 떠다니고

붉게 물든
아름다운 구름에 감동하면
어느새 저만치 밀려가 있고
새로운 구름이 오고 있어

바람은 내 마음의 답답함도 밀고 가며
기쁨도 불어 넣고
구슬 같은 땀방울도 말려주고
추운 날씨엔 귀밑때기를 때리며 간다

찬바람 밀어내고
따스한 기온을 오게 하는 봄
새로운 세상으로 구름을 밀어내면
저만치 있는 햇살은 웃고 오겠지.

보람

삶이란
빗발치는 어려움을 버티는 것
세상에 기쁨을 주려고
어울림으로 정을 만들어
장승처럼 이정표를 세워

지나는 길손에게 쉼의 여유를 주려고
고뇌하며 기다리고
온 열정으로 노력하여
하나의 작품을 만들어
빛을 보일 때는 가슴부터 벅차온다

새 꽃으로 출발한 작품
이 손에서 저 손으로 건너질 때
한 방울 떨어지는 향기는 달빛처럼

낮은 곳까지 퍼지길 바라는 마음 때문
늘 새로운 임을 만나려고
먼 길을 보람으로 찾아 간다.

백연사 숲길

산 능선을 오르니 해묵은 고목
즐비하게 서 있어
모양새를 내는 고목이 된
동백나무 자태에 감동하며
걷는 숲길

숲 속에 향기는 하늘을 받치고
줄기는 봄을 기다리고 있어
꼬불꼬불한 산길엔
정겨움이 남는 발자국이 생긴다

풍광이 좋은 산새를 돌아보니
차가움은 없어지고 기분이 좋아져
청정공기에 마음이 가벼워지니
입가에 미소가 생긴다.

범선을 타고

푸른 바다를 범선을 타고
밤의 풍경을 바라보며
바람살에 넘실넘실
파도를 가르며 가는 범선
모두를 한마음으로 만들어 주네

부산의 야경을 해상에서 감상을 하면서
밤하늘엔 여우별은 사라지고
선상에는 경쾌한 음악이 흐르니
모두가 즐거워 너울춤을 추고

흘러나오는 음악과 노래는 노랑북새*
불어오는 바람을 타는 선상의 웃음소리
가슴이 뭉클하는 기쁨이 온다

작은 섬에 깜박이는 등대는
말없는 미소를 주는 씨밀레*
스치며 지나가는 아름다운 배
느끼지 못한 해상의 묘미로
감정을 만들어
추억 속으로 가지고 간다.

* 노랑북새: 부산한 법석.
* 씨밀레: 영원한 친구.

복사꽃

바람 따라 빗발치는 분홍 꽃잎
유심히 바라보니
실바람에 꽃잎은 한 잎씩 비행하며
낙화하고 있어

눈송이처럼 꽃잎은
사뿐히 땅에 소복소복
한 잎 두 잎 쌓인다

누런 땅 어느새
꽃잎 소복이 쌓여 분홍 꽃길이 되었어
꽃길을 감상하며
내 마음은 나도 모르게
젊은 추억 속에 달음질한다

꽃길에 앉아 바람 따라
눈앞에 나풀거리는 꽃잎 바라보며
즐거운 추억에 잠수한다.

부부 칼국수

빌딩 숲 사이로 은은히 불어오는
실바람 속에 스미는 향기
그늘에 햇살이 주는 미소처럼

여기는 추억의 멜로디와
사랑의 향기에 젖어보는
삶의 둥지다

걸어오는 바람에 앉은
임의 해맑은 미소가 멀리 날아가니
추억의 향기 그리워 찾아오게 한다

여운을 만드는 손맛에
쫄깃한 칼국수
그 옛날의 맛으로

옛정과 함께 먹는 구수한 맛은
피로를 잊게 하며 행복을 만들어
그리움으로 숨어들게 한다.

봄 향기를 찾아

향기 찾아 이리저리 헤매어
들판에는 새싹이 연초록
마음에 새싹은 진초록
새싹마다 색깔이 달라

봄을 맞이하는 임들의 마음도
새싹 색채같이 다르게 맞이하며
느낌 따라 구별되는
독특한 향기는
심장을 박동한다

나뭇가지 새순
간들바람에 살랑거리며
아지랑이를 불러
향기를 실어 보내며

흙냄새 풍기는 산골 사찰寺刹에는
노란 수선화 꽃들이 모여
물들이는 환영
화선지에 먹물 퍼지듯
마음 밭에 고운 빛깔을 쌓아
추억 속에 저장하련다.

비가 오면

툭툭 처마 밑에 떨어지는 빗물
목마른 나무는 휘청거려도 웃고 있어
잎들은 생기가 나며 탄력이 생기고
하늘엔 어두워져 괴성과 함께

소나기 내리는 요란한 소리가
내 마음에 때를 씻어준다면
비 오는 날에는 주마등처럼
이 생각 저 생각 뇌리를 흔든다

넘어온 고갯길을 돌아보며
힘들게 오르면 내리막도 오는 것
캄캄한 날 노을빛 물든 하늘을 기다리며
꾸중보다 칭찬에 쫓아가는 마음을 만들고

여명에서 햇귀를 보며 마음의 여백을 만들어
그저 미련 없이 왔다가 빗물에 목욕하고
지나가는 나그네로 기억되게 하면
잘 사는 삶이 되겠지.

비룡산 아래

초록 숲길을 이정표 따라
꼬불꼬불 오르니
한눈에 들어오는 비경
우거진 숲 속에 흐르는 청 빛 향기
그토록 무더운 여름 기승도
밀고 오는 가을바람엔 시원해진다.

계곡에서 부는 계절풍은
도심의 찌든 잔재를 날리고
모처럼 동기들과 나들이 길
백일홍이 미소 짓고 마중하니
더 없는 기쁨이 된다.

비룡산 정기가 흐르는 여기
윷놀이에 피로를 잊어버리고
골바람에 비행하는
예쁜 낙엽을 감상을 하며
가을 속에 빨려간다.

사과 향기보다

한마디 따스함이 주는 미소
사과 한 조각을 건너는 마음
가치노을*처럼 기쁨이 솟아오르고

아삭하고 상큼한 사과 향기에 묻어오는
상냥함이 주는 정감
은은히 내 가슴에 스미는 향기는
마음에 살속*이 생긴다

삶의 여정에 짧은 만남으로
여운이 남는 것은 사과 향기보다
더 진한 향기를 가진
풍란 같은 눈정이 생기는
그대 때문이다.

* 가치노을: 풍랑이 일 때 솟아오르는 하얀 물거품.
* 살속: 세상을 살아가는 맛.

제 3 부

삶의 풍경

회화마을 팽나무

참사랑

시간이 지난 뒤에도
그대의 감동이 사라지지 않고
가슴이 답답해 지면
떨어질 수 없는 인연이다

그대 따스한 체온은
밤하늘 별을 바라보면
툭툭 내 가슴으로 떨어진다

지난 시간은 다시 오지 않지만
남겨놓은 잔재가 있어
옛날처럼 뜨겁지 않아도
그대의 새로운 사랑을 기다린다

아무도 찾지 않아도
피어나는 야생 꽃의 향기처럼
그대의 사랑
기다리는 향기는 계속
날아다닐 것이다.

사색

자유는 밝고 어둠을
가리지 않고 드나든다

겨울이 지나간 대지는
새싹으로 꿈틀거리는
푸른 들판을 찾아가고

넓은 바다는 일출로
붉게 물들며
희망으로 출발

숨은 마음을 찾아
기쁨을 주려고
여기 청 빛 향기가
도사리고 있다

작은 공간을 데워
흔적을 남기려고
달빛 비치는
벤치에서 사색한다.

내 삶의 풍경

세월 따라 가는 삶은
내려가는 계곡 물처럼 막히면
이리저리 비켜가며 흐르는 것처럼
봄 안개 자욱하면 밀어내는 바람
빨간 미소 짓는 봄꽃이 그리워
주위를 맴돈다

노을처럼 내 삶의 고운 향기를 담으려고
외로워 질 때는 창가에 걸려있는
낮달을 바라본다

처마 끝에 매달린 물방울은
햇살을 받아 영롱한 광채를 내며
짧은 생애를 아름답게 장식한다

기쁨의 공간을 만들어 그대들을 많이 불러
고운 소리가 이어지는 즐거움을 만들어
보람을 얻는 흔적을
두고두고 볼 수 있는 좋은 곳에 남겨서

바람의 소리 잠드는 그날까지
그대들의 진한 그리움과 손을 잡고
좋은 향기로 남겨두련다.

상당산성의 석양

산성에서 석양을 바라보니
희미한 마을은
노을이 물든 한 폭의
생동감이 있는 그림으로

성벽으로 불어오는 바람에
나부끼는 버들강아지풀
석양에 반사되니 금빛으로 반긴다

노을로 물든 성벽 위에 있는 석양
가까이 잡으려 언덕을 뛰어가니
모습은 점점 감추는 시간이 짧다

조금 전 화려한 모습은 없어지며
어둠으로 변하고 있어
불어오는 바람 타는 단풍잎
비행의 여유를 보며

산성을 한 바퀴 돌아오니
네온불이 켜지고
이마엔 땀방울이 맺혀 있어
상당산성의 매력을 담은
가을밤의 기쁨이다.

송정 새벽 바다

새벽바다엔
철썩이는 소리를 내는
하얀 포말 쉼 없이
찾아오고 있다

해풍이 불어오니
너울 파도는 춤추며
서서히 붉게 물들고 있어
언제 푸름이 있었는지
붉은 바다를 보니
마음이 따뜻해진다

사과 볼같이 빨간
황홀한 넓은 바다
수평선엔 거대한 태양이
뾰쪽이 올라오니

온천지가 붉어진 여기
보름달처럼 환한 마음
행복에 젖어 기쁨이 솟는다.

새벽 소리

새벽의 풍경 소리와
경전 소리는
편안한 마음을 만들어 준다

한 구절씩 들려오는 소리
가치노을*처럼
내 마음 환한 미소가 생긴다

마음을 내려놓고 듣는 염불 소리
구름을 밀고 가는 바람처럼
마음에 행복으로 밀려오고

가끔 듣는 목탁 소리에도
여명을 밀어내는 햇귀처럼
기쁨이 생긴다.

* 가치노을: 풍랑이 일 때 솟아오르는 하얀 물거품.

선돌

비경과 강물을 바라보니
반짝이는 물빛이 흐르는 동강
불어오는 향기는 단맛이 있어

어울림에 그대들은 사방을 지키며
수많은 임에게 여유를 주고
소원성취의 고운 물결은 기쁨을 주어

가는 길목마다
변하지 않는 푸른 소나무
향기에 젖어 멈춘다

저 먼 산에 아롱거리는 산 빛
낮달이 걸려있는 층암절벽
마음 비우고 바라보니

강을 잡고 있는
우뚝 솟은 아름다운 모습
햇살도 떠나지 못하고
바라보며 웃고 있다.

선암사

깊은 숲 속에 젖은 풍경
계곡에 맑은 옥수가 흐르는 골짜기
천년의 비경의 산사
꿈을 이루는 곳
고요 속에 빛나는 조계산의 향기
운무를 타고 퍼져간다

670년의 세월을 보낸
백매화 자태에 쉼을 주고
법당을 둘러싼 나무와 꽃
빛바랜 단청은
수많은 세월을 지킴이로
역사를 말하는 곳

녹빛 그늘 속에 빛나는 고찰의 밤
비 맞으며 오색등불은 길을 밝혀주니
새벽 길 걸어가며
상쾌함을 마시는 산사의 아침
생기가 넘친다

나무 사이로 비치는 햇살
이슬을 말리는 바람은 짙은 솔향기를 불어
가슴에 스며들게 하는 선암사의 하루
언제 만날지 기약도 없이
발길을 돌리며 돌아보니
푸른 산빛이 나를 부르고 있다.

선암사 계곡

뜬구름 밀어내는 햇살
푸른 짙은 그늘 속에 있는 선암사
백일홍에 앉은 호랑나비 날갯짓으로
향기를 날리는 곳
청정계곡 폭포수는 시원함을 만든다

측백나무 그늘에 쉬어가는 잠자리
수많은 세월을 살아온 은행나무
많은 줄기가 있는 아름다움에 감동을 준다

세월에 지탱해온 감나무는 밑둥치가 갈라져도
푸른 잎으로 그늘을 주며
선암사 지킴이로 싱그러운 마음을 준다

숲 속에 흐르는 시원한 물소리 들으며
내려오는 산길에 앉아보니
골바람은 물 위로 사뿐히 걸어와
흐르는 땀방울을 마르게 하고
미련이 남는 여기 다음을 약속한다.

세월

푸른 하늘에 뭉게구름
아득한 길에 있다고
노을빛 물든 붉은 석양 속으로
차가운 시선 하나 둘 내려놓자

간다는 저쪽
너무 깊어 숲 언저리에 숨고
창밖의 바람 서러워
풀잎처럼 누웠다

바람은 이미 꿈길 밖에서
그리운 봄빛 그리다
이 소리 저 소리 듣고
산국山菊 한 송이 피웠다

내 살던 고향
구슬 같은 땀방울 말려가며
아름답고 가난한 추억도 내려놓고
새로운 세상 맞이하듯
바람에 조여 오는 심장 감싸 안으며
정신없이 뛰어가니 햇살 하나가 웃고 있네.

세월의 바람

노을에 물든 뭉게구름
바라보며 감동하면
어느새 저만치 밀려가 있어

삶 속에 구겨진 아픔
박꽃 같은 기쁨으로 불어넣어
구슬 같은 땀은 환희를 주며

세월의 바람으로 검은 구름 밀어내고
새 계절을 만드는
신선한 바람은 햇살의 미소다

고운 빛깔로 하늘을 흔들어
지나가는 구름 조망하듯
바람의 전언을 들었다.

소매물도

남쪽에 있는 작은 섬을 가기 위해
아침부터 분주하다
선착장에 도착하니
여객선을 기다리며 무수히 줄을 서있네

뱃고동 소리와 함께 배가 선착장에 닿아서
한 사람씩 배에 오르니
승선시 조심하라고 방송이 나오는데
그래도 뛰는 사람도 있다

성급한 마음일까 파도를 가르며 가는 뱃길
기분도 좋아진다
얼마의 시간이 지나가고나니 하선의 소리에
섬에 내려 자연의 아름다움에 젖어본다

소매물도 중앙에 있는 가파른 언덕을 올라가며
꾀꼬리 소리를 듣는 산행
숨이 차서 몰아쉬며 정상에 올라
사방을 돌아보며 향기를 마시며 감상하고
저 멀리보이는 등대를 가기위해 또 걸음을 걷는다

해풍에 비스듬이 누워있는 소나무 풍광
몽돌을 밟고 가는 길
나무로 만든 계단을 올라 등대 아래 계곡
내려 본 풍경 병풍처럼 펼친 절경이다
작은 섬의 매력을 얻어 온 하루는 즐겁다.

수양버들

늘어진 수양버들 나무엔
줄기마다 윤기 자르르 흐르며

바람으로 떨림은 내 심장도 두근거리고
풀피리 불던 고향 뒷산이 그리워질 때는
고향 쪽을 바라보아진다.

철부지 시절에 뛰놀던 고향엔
버들강아지도 따먹고
참꽃도 따먹던 추억이 지금은 그리워진다

고향 입구 서있는 무성한 수양버들 아래
할머니가 들려주시던 무서운 옛 이야기는
지금도 등골이 오싹해지며

여인의 머리카락처럼
찰랑거리는 수양버들은
뚝 길에 줄 세우는 친구다.

신원사 향기

오늘 만난 갈색 방
마음의 가장자리에 숨기며
깊은 산새 숨은 향기가

풍기는 천연의 빛깔
오색 등불처럼 알록달록
온 산을 물들고

찬바람에 꽃잎은 파르르 떨며
반짝반짝 웃고 있어
천연의 고목 아래
따스한 갈색 방을
두드리는 풍경 소리
마음에 상처를 앗아가고

멋진 풍광을 가지고 있는
신원사 뜰에 앉아
가을 향기를 가슴에 담는다.

어영계곡

휘어진 골짜기 흐르는 물길
막힘없이 요리조리 내려간다

바람이 할퀴고 간 흔적의 웅덩이에
작은 폭포는 음악이 흐른다

계곡에 고인 맑은 물
상수리나무도 빠지고
물잠자리도 빠지고
반짝이는 물빛은 한가롭다

높은 하늘 막아주는
떡갈나무 그늘에 앉아보니
햇살 하나가 물밑에서
아른거리며 놀고 있다.

연 빛

푸른 잎이 둥실둥실 떠있는 연못
녹색 빛이 마음을 편하게 만들며
바람에 출렁이고
가는 길이 아니면 어떠한 유혹도
함께하지 않는 꽃

넓은 잎같이 마음도 넓어지려고
햇살에 반사된 연꽃
내가 현혹될 때까지 향기를 주고 있어

천년 거울에 비친
연분홍과 하얀 빛깔은 어울림으로
홀로는 세상을 보존하지 못하는 것처럼
가는 세월 동행자로 늘 같은 뜻으로

오직 외길로 예쁜 꽃을 피워
기쁨이 거품처럼 부풀어 가슴에 스며들며
달빛은 나뭇잎 사이로 연못에 빠져 허우적거리고
연못에 앉아있는 연 빛은
내 마음을 행복으로 끌고 간다.

사거리 쉼터

빌딩 숲 모서리에 따스한 바람
마음에 온기가 생기며
땡볕에 그늘처럼 사랑을 심는 마음
나들목을 지키는 장승처럼
향기가 있는 고운 빛깔이다

바람이 걸어올 때
장미꽃잎 터뜨리는 사랑처럼
동행하는 상냥한 미소엔
자연히 발길이 멈추게 된다

짧은 시간
여운이 만들어지는 것처럼
따뜻하게 내 속을 데워주고
피로를 잊게 하는 여기
이슥한 시간에 기쁨이 된다.

오늘 만남은

울창한 숲을 자랑하는
계절에 만남으로
아름다운 인연을 만드는 오늘
어두운 밤에 초승달처럼
순수한 마음을 만들어주는 별처럼

밤하늘을 수놓아
어울리는 자연의 조화처럼
삶에 어울림으로 문학의 향기로
여백을 메우는 시간을 만드는 이곳

합창의 감미로움과
축사의 귀한 말들이 손을 잡고
음률을 타는 낭랑한 시낭송 소리로
문학의 아름다움을 표현하면서

꽃이 지면 열매를 맺는 것처럼
함께해 주신
현생에 좋은 인연으로 만난
귀한 지인님의 감사한 마음을
가슴에 깊숙이 담아놓고
기쁨 속으로 늘 손을 잡고 가렵니다.

온천장

나들목에 단풍나무는 지킴이로
온천으로 소문나 북적대며
많은 인파가 모인 온천장
추억으로 가고 시대의 변화에
즐비한 빌딩 숲에 쌓여 있다

예술의 거리로 새로운 문화의 공연
볼거리가 있는 호젓한 길
실개천이 있는 노천 족탕엔
발을 담구며 족욕을 즐기는 인파
밝은 표정으로 기쁨을 준다

멋진 조형물은 오색의 빛으로
풍경을 만들어 실개천 볼거리로
나들이하기 좋은 윤슬길*
바쁜 삶에 여유를 주는 희망의 거리로
색다른 추억의 길로 가고 있다.

* 윤슬길: 온천을 의미하는 햇빛이나 달빛에 비치어 반짝이는 잔물결을 의미하는 우리말. (공모한 이름)

욕지도 태고암

운무 속에 갇힌 전설 같은 곳
환상 속에 오랜 역사
청 빛 정기 나는 천왕산 작은 암자

어스름한 마음 생기는
적막하고 울창한 숲
세월을 흔드는 풍경소리

발길을 멈추어 돌아보니
한적하여 업장이 저절로
내려지는 여기

조용한 법당에 기도하고
안개 낀 바위틈에
새어나오는 약수 한 잔으로

피로는 사라지고
먹구름 달고 있는 진풍경 보며
내려오는 발걸음 아쉬움 남는다.

욕지도 휴가 날

안개 낀 어스름한 바다 끝
하늘은 빛나고 출렁이며
밀려오는 포말은
기암절벽을 찾아가고

불어오는 비바람과 함께
쏟아지는 장대비
새로운 풍경을 만들어준다

갯바람에 새끼 섬들은
하얀 파도를 덮어쓰고
세월을 밀려오는 파도
예쁜 몽돌을 만들어
소리를 듣게 하네

시원한 해초 바람
하루해는 저물고
마음을 울적하게 하는
밤비는 주위를 감싸며
빗소리에 맞추어 흘러나오는 음악은
한마음을 만들어 주니
휴가 온 하루의 피로가
웃음으로 마무리되네.

추억의 언덕

오늘은 마음이 울적하여
해질녘에 나도 모르게
달맞이 언덕에 있는
바다 보이는 카페에 앉아
추억 속에 빠져본다

붉은 노을을 바라보다
서산을 넘어가는
석양에 도취되어
더 좋은 모습 보려고

마시던 차를 급히 마시고
언덕을 뛰어 올라가니
어느새 석양은 사라지고
뒷모습만 있어
그대와 마주친 눈빛
허탈한 표정으로 쓴 웃음을 짓던

그 아름다운
추억의 시간이 떠올라
창가에 앉아 원두커피 향기에 젖어
지난 추억을 회상해 본다.

제 4 부

흔 적

청남대 전직 대통령 동상

유월이 오면

아무도 찾지 않는 비무장지대
뭇바람에 흔들거리는 풀잎만
무성한 돌무덤

누구의 것인지 알 수는 없지만
썩은 철모가 흙 속에 묻혀있고
낡은 비목은 한쪽에 누워있어

이 땅을 위해 말없이 사라진
호국영령의 흔적이 아닐까
지금이라도 전쟁의 고아를 찾아야 하며

피 흘리며 조국을 지킨
호국영령들의 넋이라도
위로해야 하지 않을까

이 나라를 지킨 영령들에게
감사의 마음으로 묵념을 하며
꽃송이를 바친다.

이기대 앞에서

어둠 속에 출렁이는 하얀 포말
초승달은 바다에 빠져
허우적거리며 웃고 있어
띄엄띄엄 몰려오는
파도는 끊임없이 철석이고

방파제에 앉아 바라보니
멀리서 깜박이는
등댓불 빛은 외로운 마음에
동행자가 되어주네

간간이 비치는 별들은
졸음이 오는지 깜박 깜박
깊어가는 밤바다
파도소리에 젖어본다.

인연

내가 그대와 인연인줄 모르고
그대도 나와 인연을 모르고
그냥 연서리꽃*처럼 지나치다

느낌이 생기는 우연 속에
만남이 싫지 않고 아쉬움이 생기면
참인연인 것이니
계곡에 흐르는 물도
웅덩이를 만나는 인연으로
잠시 쉬어가는 것이며

언제 스치며 또 만나질지 모르니
인연이 될 때 가슴에 새겨
놓치지 않고 좋은 인연으로 연결하여

삶 속에 기쁨으로
풀어가며 흔적을 남기는 것은
잘 산 인생이 되지 않을까.

* 연서리꽃: 해뜨기 직전에 나뭇잎에 핀 서리꽃.

유월의 장미 꽃

스치는 바람에
은은히 숨어드는 그대의 향기는
가슴에 불을 지피며
새로운 기쁨을 준다

초승달에 비친
부드러운 미소와 따스한 손길처럼
그리움이 생긴다

늘 그대가 있는 곳은
그냥 지나가지 못하게
겹겹이 쌓인 붉은 빛깔과 향기로
줄치고 있어

그윽한 그대의 향기는
가슴 깊게 파고들어 떠나지 못하고
주위만 빙빙 돌다
서산에 해가 진 뒤에 떠나고 있다.

장흥의 문학비

장흥의 문학 열정
천관산에 숨쉬며
막혔던 가슴을 여는
애한이 살아 숨쉬고 있어

기암 석에 숨어 있는 글
읽어보니 이곳저곳에 숨은
존귀한 뜻이
마음 가장자리로 파고든다.

천관산에 하나의
풍경이 되어 버린 문학비
바람 타는 향기 조화를 이룬 돌탑
정성이 깃든 아름다움이 들뭇하다

어느새 땡볕은
노을에 밀려 서산에 걸려있다.

장흥의 빛

청정한 빛깔
공기 맑고 녹색 향기는
너울너울

사방의 산들은 뜻있는 유래
열정과 인심
석류처럼 빨갛게 탐스럽게
빨간빛은 웃고 있어

마을마다 보존되어 있는 문화
높이 솟은 천관산
숨 쉬는 소리가 나고

전통의 하얀 백자처럼
빛나는 여기
문학이 이제 빛을 내며
뛰는 향기는
바람을 탄다.

제주도 동굴

청정해역에 청 빛 향기
자연의 신비함에 감동하며
세월에 거듭되어 빗줄기 같은 바위가 되고
병풍 같은 무늬를 만들어 놓은 흔적

우뚝 솟은 바위 위에
청정나무가 살며
꽃을 피우는 신비로운 광경
생명체를 이어주는 자연
선상에서 감상한다

말재주 있는 승무원
해설로 유래를 들으며
선상에서 사방을 돌아보는
감동하는 눈빛들
어디서나 흥겨움을 주는 음악
삶에 동행자로 즐거운 시간을 만드는
선상의 시간은 즐겁다.

죽순을 캐며

강변 물빛을 따라 차는 달리고
푸른 숲을 만나니
댓잎은 파르르 떨며 반가움 표시
엉성한 수풀을 헤치고 대밭을 올라가니
여기저기 말라버린 댓잎 사이
뾰쪽이 나와 있는 죽순

한참 정신없이 캐어보니 몸에는 땀이 범벅
왠지 바람도 불지 않고 모기만 극성이네
댓잎 향기 마시며 빠른 손놀림으로
죽순을 다듬어 자루에 담아

서툰 초행길에 수풀을 헤치고 하산하니
댓잎에 달린
뭉게구름이 떨고 있는 풍경을 보며 돌아보니
뒤따라오는 일행들은 모두가 땀은 흘러도
한 자루씩 들고 오는 모습에 표정은 맑다
죽순 캐어 내려 오니
하루해는 서산을 넘어 가려하네.

함박눈

하얀 함박눈이 나풀거리며
비행하니 먼 산은 하얗게 물들어 가네

사늘해지는 추위에 옷깃을 세우지만
윙윙거리는 바람 따라
눈송이는 지칠 줄 모르고
사뿐히 길 위에 앉자
모두가 하얀 옷을 입고 숨어버리는 풍경

추위엔 멋쟁이도
종종걸음을 하며
가쁜 숨 몰아쉬면서 눈을 맞으며
사라지는 뒷모습 본다

강아지는 눈이 오니 흥겨워 뛰어가고
눈은 순간의 즐거움과 감동시키며
짧은 행복을 주는 것 같다.

차밭

멀리서도 향기는
바람에 숨어 있다
녹색 빛깔이 구름처럼
진해의 길목을 지키고 있어

온통 차나무가
줄치는 굽어진 길
둥글게 모여 제각기 부드러운
미소로 인사한다

뾰쪽이 나온 새순 향기는
마음속에 들어가고 있어
차밭엔 안개가 자욱해도
손은 바쁘게 찻잎을 따니

시간 가는 줄도 모르고
흥겨움이 생기는 여기
차향에 취하는 모습들을 바라보니
하루해는 서산을 넘고 있다.

첫눈

깊은 밤 딸랑딸랑
소리를 내는 풍경
눈송이와 대화를 하니
하얀 눈송이는 반가워
소복소복

푸른 소나무도
눈꽃의 하얀 옷을 입고
온통 하얀
새로운 풍경이 되었다

저 멀리서 찾아오는
소리 없는 발자국
바람에 휘날리는 눈송이
은백색광채에 발자국은
그리운 임이 찾아오고

하얗게 쌓인 눈을 만져보니
포근한 마음과 감동이 생기는
추억의 달콤함이
하얀 눈송이에 숨어있다.

청사포 방파제

비릿한 냄새가 진동하고
띄엄띄엄 밀려오는 하얀 포말
어둠을 밝히는 반달은 바다에 빠져있어

멀리서 등대는 외로움을 이기려고
무한히 기다리며 깜박거리고
별들도 친구 되어 반짝인다

달빛에 빠진 파도는 출렁거리며
방파제에 찾아오는 소리는
계속 철썩 철썩

어스름한 밤바다는 그대들을
사색에 끌어들어 향수에 젖게 하며
한 폭의 그림을 만든다.

지난 세월

젊을 때는 생각도 없이
세월을 모르고 지나가고
지천명의 나이가 넘어서면
자신을 돌아보게 되어
깨달음이라는 것을 알게 된다

나이에 맞고 보람이 되는
즐거움을 만들어 간다면
건강을 지키면 기쁜 삶이 될 것이다

어떤 방향으로 가는 것이
남은 생을 잘 사는지
한 번은 생각을 해 보아야 된다

삶이란
좋은 세상의 아름다움을
보고 느끼면서 낭만을 찾고
여행을 하는 것이다

긴 여행 짧은 여행
인생은 여행길이니
만족을 얻는 일을 하는 것은
주어진 삶을
행복으로 만든다고 본다.

초파일의 하루

오색 연등이 형형색색으로
어둠을 기다리고 있고
고운 옷 입은 단원들의
찬불 소리는 꽃잎도 덩실거린다

해지기를 기다리는 연등은
새 풍경을 만들어 발길을 멈추게 하고
모처럼 만난 불자들과 인사는
정겨운 마음이 살아난다

대문 없는 곳에 고운 손놀림으로
맛을 만드는 손길은
보시의 불빛 쏟아지니
연못에 연꽃은 미소를 짓는다

흐릿한 하늘은 햇살에 밀려 사라지고
차 향기 스며드는 산사엔 노랑북새*
줄지어 등불에 꼬리를 달아주는 손길은
마음속까지 훤해진다.

*노랑북새 : 부산한 법석

청옥 빛 향기

햇귀*로 물드는 시간

청 빛 따라 모여든 마음

고운 빛 담아

삶에 펼쳐보려고

정겨움이 오순도순

향기 풋풋하게 영그는 이곳

꺼지지 않는 웃음

깃발처럼 펄럭이며

영원히 이어갈

행복의 보금자리.

*햇귀 : 일출에 물드는 분홍바다

축제

여명에서 햇귀를 바라보며
미묘한 향기에 젖은
그대가 있는 여기

은은한 청 빛 향기는
전국으로 퍼져
보고픈 마음이 빗발쳐서
뜬구름이 되어
바람 따라 구름을 타고
기쁨이 있는 이곳

여러 색깔의 빛으로
밀린 정을 나누고
아름다움을 쌓으며

인연의 고리에
웃음 짓는 임과 함께
고운 마음 추억에 담아 놓고
보고픈 마음이 생기면
찾아보련다.

파도위에 낙엽

노을이 물든 벼랑 끝에 매달린 낙엽
세월에 물들며 바람에 견디지 못하고

멋진 비행을 하며 붉게 물든 바다 위에
살포시 앉아 파도를 타고

인생의 길도 잠시 기쁨을 즐기면서
벼랑 끝에 낙엽처럼
언제 떨어질지 모르는 것이다

언젠가 긴 여로를 찾아가
흔적을 남겨두고
미련 없이 떠날 수 있게
여백의 마음을 만들어 놓는다면
행복하지 않을까.

푸른 인연

현해탄을 너울너울 건너온
무성한 연초록의 광채
햇살이 달군 은빛 물결은 열정으로

어둠과 밝음을 가리지 않고
가을 모퉁이에 차곡차곡 쌓아둔 향기는
달빛이 비치면 접어 소리를 듣고

안개를 밟고 갯바람 따라 달려온
마음 밭펼치려고
파도를 넘어온 귀한인연

가슴을 열어 감동을 주는 시詩처럼
즐거움을 만들어 간다면
푸른 향기는 줄 대처럼 이어지지 않을까.

풍경 소리

딸랑거리는 소리에 나도 모르게
아무 생각 없이 가고 있다

누가 보든지 말든지
외롭게 처마 끝에서
사방을 돌아보며
힘들어하지도 않고

푸른 숲을 바라보며
산새도 부르며
다가오는 계절도
비켜가지 않고
바람과 친구 되어
많이 찾아오면
소리를 크게 낸다.

오색의 단층 아래
모든 업장 떨치기 위한 사명으로
마음 내려놓고

잠시라도 편안하게 쉬어 가라고
딸랑딸랑 노래를 부른다.

하동에서

장대비 속에 축제
빗줄기 수만큼 모여든 인파
모두가 한마음의 열정이 품는
녹색 향기 빛나는 여기

솔향이 스미는 풍경이 좋은 고장
섬진강줄기가 펼치는
강변은 삶이 꿈틀거리며

청정하고 맑은
푸른빛이 있는 아름다운 고장
정지하지 않는 비를 맞으면서

밀려오는 시간 따라 이동하며
눈에서 점점 멀어지는 하동 땅
비단 같은 마음을 얻어 간다.

하루 나들이

푸른 산 빛이 보이는 여기
호수 가운데 한 그루 왕버들
수호신처럼 사방에 시선을 잡고

바람에 찰랑이는 잎들
호수에 빠져 허우적거리며
맑은 호수에 풍경을 만들어 준다

작은 물고기 즐거워하는 놀이터
풋풋한 흙냄새 나는 어우러진 밭
고향에 어머니 마음처럼 사랑이 깃들고
들녘에 여기 저기 자운영 꽃 만발

장흥은 넘치는 인정이 있는
물 좋고 풍경이 좋은 곳
마음 내려놓은 행복한 하루
서산을 넘어간다.

한 장을 넘기면

창가에 앉아 수심에 잠기면서
한 장을 넘기면 기쁨이 숨어 있어
아픔에 힘들어도 한 장을 넘기면
행복의 장면이 있다

저 산 빛이 부르는 장을 넘기면
뭉글뭉글 떠도는 구름이
별을 마중하고

햇살에 찡그리며
땀을 흘리는 한 장을 넘기면
빗줄기가 옷을 적시며
대지를 물바다를 만들고

어눌한 세상에 쏟아지는 빗물은
서글픈 마음이 돌아다니게 만들어도

새로운 한 장을 넘기면
보석 같은 미소가
나를 기다리는 세월이 있어
사는 동안 좋은 향기를 만들며
흔적을 남기는 것이다.

해남 가는 길

뿌연 새벽길을 나서는데
빗임이 마중하니
종종걸음이 더 빨라진다

기다리는 임들의 마음이 따뜻해
환희의 만남으로 차를 타고
툭툭 떨어지는 빗방울을 바라보는
차창에 매달린 물방울의 세상

해남 가는 길엔 마음 부풀어 있어
편안한 기분으로 가는 길
사색을 하는 기쁜 시간

분꽃을 기다리며
불어오는 향기는 코끝에 숨어들고
스치는 바람결에 젖어가며

한순간 스치는 짧은 시간
고운 물결을 타고 있는
반짝이는 빛을 담아오련다.

홍 빛 쉼터

햇귀로 입술을 데우고 마음을 달구어
따스하게 물들여
그리움을 만드는 꽃

그대가 있기에 정든 고향같이 아늑하며
세상에 사는 재미와 기쁨이 생기고
행복을 만들 수 있어
달콤하게 데운 입술로 젖은 향기
그대 가슴에 담아두고 싶은 것

함께하는 그대가 있으니
삶에 에너지로 지칠 줄 모르고
새로운 일을 찾아 쉼터를 만들어
노을빛에 향기의 꽃을 심는 것도
그대들이 동행하기 때문이다.

이정표

밀려오는 바람 따라 가는 곳
느낌을 담아 글로 표현하는 것이
시인의 의무라고 생각하고
흔적을 만드는 것이다.

죽은 고목의 뿌리를 다듬어
생명을 넣는 예술의 작품처럼
시제를 찾아 맛을 내고 감성을 넣어
마음에 파장을 일으키면
행복이 오는 것이다

바람이 할퀴고 간 뒤에 고요의 소리는
편안한 마음을 주는 것처럼
가는 곳마다 특색을 담아
지나간 뒤에 흔적을 남겨놓는다면
훗날 멋진 이정표가 되겠지.

흔적

불어오는 실바람에도
마음은 파동 치고 있어
세월에 얽매이지 않으려고
새 길을 찾아 간다

지난날 많은 물이 흐르던 계곡
지금은 바짝 말라
시커먼 자갈만 물고 있어

변해가는 삶을 느끼고
하루를 충실하게
텅 빈 공간에 점하나 찍는 일에
분주하게 뛰어왔다

세상 한 곳에
미묘한 향기를 만드는 여기
함께하는 마음은
겨울을 참고 기다리며
꽃을 피우는 목련꽃처럼
흔적으로 담아두련다.

작품해설

그리움이 깃든 연가戀歌의 전개展開

배롱나무

그리움이 깃든 연가戀歌의 전개展開

시조시인 문학 평론가 장 금 철

최경식 시인의 시편들은 보편적인 심리 현상에서 발원하는 사랑의 지표는 무엇이며 영혼과 육체의 교감은 인간만의 내재된 특권이며 향유할 수 있는 영원한 숙제일지 모른다는 의문을 제기하고 있다.

대문호 「어네스트 헤밍웨이」의 젊음의 사랑 행진곡은 역사를 바꾸는 두 가지, 즉 전쟁, 여자, 로 압축된다.

「어네스트 헤밍웨이」는 젊어서 무모할 만큼 모험과 맹목적인 사랑에 미쳐 보았기에 두 가지를 전부 섭렵 하였고 그로 인해 절망에서 희망의 끈을 소설로 승화하여 노벨 문학상을 탄 것일 것이다.

절대적 가치가 시간이 지나면서 그 역시 상대적 가치로 변했다고 본다.

사랑은 우리 인간의 가장 순수한 부분이 미지의 어떠한 모랄로 향하는 가장 성스러움이라고 말한다면 이것은 곧 아가페(agape)적 사랑일 것이다.

그러나 최경식 시인이 갈구하는 사랑과 그리움의 시편은 인격적 사랑과 정신적 사랑, 그리고 자연과 계절의 아름다움을 노래하는 고차원적 사랑은 이 시집 전체를 관류하고 있는 그리움에 대한 실체를 이해하기 위한 하나의 방법일 것이다.

그대가 그리워지면
비 온 뒤 무지개처럼
부르지 않아도 뜨는 것같이
저 먼 곳에서 미소를 짓고

붙잡지 않아도
내 가슴에 떠나지 못하는
그대가 보고 싶다

딱 한 번 스친 그대향기는
오랫동안 나를 기쁘게 하며
낭랑한 목소리는 내 귓전에 맴돈다

만나면 헤어져야 하는 아픔
이별은 새로운 만남을 의미하는지
그대 향기를 쫓아 다니며

만남을 마냥 기다리며
아픔의 세월을 먹고
다시 만나진다면 다솜*으로 묶어
떠나지 못하게 하련다.

〈그리운 그대 전문〉

사랑은 함께 있어도 그리움에 허기가 진 것이라고나 할까? 사랑의 미학을 그리움의 꽃으로 표현하는 심상이 돋보인다. 최경식 시인의 그리움은 더욱 아름답다.

에로스eros적 사랑이 아닌 정신적 사랑 또는 서정적 사랑, 영혼적 사랑이든, 굳이 상관관계를 판별할 필요는 없을 것 같다. 그 그리움과 사랑이 설령 현실적인 고뇌가 가미된 사랑의 실체가 수학의 적분이나 미적분으로 규정지으려고 공식을 찾을 필요는 없으리라 본다. 순환하는 계절의 아름다움과 흐르는 세월의 무상함도 사랑하는 최경식 시편은 허송하지 말라는 자기 자신에 대한 채찍과 갈구하는 인간적 욕망을 구도求道하는 자존으로 면면히 이어진다.

지난 시간은 다시 오지 않지만
남겨놓은 잔재가 있어
옛날처럼 뜨겁지 않아도
그대의 새로운 사랑을 기다린다

아무도 찾지 않아도
피어나는 야생 꽃의 향기처럼

그대의 사랑
기다리는 향기는 계속
날아다닐 것이다.

〈참 사랑 후반부에서〉

사랑은 시작일 뿐 끝이 없다. 잔잔한 물너울이 있는가 하면 때로는 숨 헐떡이며 달려드는 거센 물결이 있겠지만 내 삶과 영혼에 승화되는 모태는 정情이라는 뿌리 깊은 나무가 지키고 있기 때문에 흔들리지 않을 것이다.

최경식 시인의 시편은 억지로 어려운 시어나 포장된 미사어구美辭語句를 배제하고 독자로 하여금 순수함과 정직을 강조하고 싶은 시편이라고 볼 수 있다.

「논어」의 사무사는 시를 대할 때 정직하라, 솔직하라고 말을 한다. 창작자나 독자, 모두 이러한 마음을 가질 필요가 있다는 공자의 문학관이겠지만. 어쩌면 시인은 사람들이 가지고 있는 본래의 마음을 대리하여 적는 대필자일 것이다. 사람은 본래 사악하고 착하고 슬프고 기뻐하는 존재일 것이다. 시기하고 질투하며 그리워하고 미워하는 마음을 가지고 있는 것이 사람이다.

권력자나 재벌가의 사랑이 그 크기만큼 위대하지 않고 힘든 노동을 하거나 힘겹게 살아가는 대부분의 서민들의 사랑이 더 순수하고 진솔할 수도 있다는 것을 암시한다.

산다는 것이 무엇인가
어렵고 힘들게 고지를 올라가니

내려갈 일이 걱정되어
화려한 빛은 짧은 시간에 지나지만
흔적은 오래 남는 것이니 그래서 선호하는지

누구나 바라는 저 높은 고지의 정상도
내 마음이 편해지는 것이 아니면 소용없는 것
꾸중보다 칭찬에 쫓아가려고 애쓰며 시간을 잡아도

자신으로부터 많은 사람들의 갈등과
모르는 숨은 고통도 있었으니
진정 내가 꿈꾸는 동산이 그리워서
한포기 꽃을 심으며 편하게 살려는 마음도

제대로 되지 않는 것이 현실이니
타인의 고통을 대변하는 가슴 아픈 비극
무너지는 마음이 감당이 안 되어

끝내 고향의 바위에서 이별을 하는
순수한 마음의 아름다운 흔적은
수많은 사람 가슴속에
꿈틀거리며 남아 있을 것이다.

〈가슴속에 영원히 전문〉

10년을 살거나 100년을 살거나 또는 많은 업적을 쌓았거나 아무 흔적도 남기지 못했거나 한줌의 흙으로 돌아가기는 매 한 가지일게다.

「아리스토 텔레스」는 시인은 단순히 운문의 창조자가 아니라 이야기나 구성을 창조하는 사람이어야 한다고 말하고 시인의 기능은 일어난 일이 아니라 일어날 수 있는 일을 기술하는 것이다, 라고 했다.

우리 문학사에 그의 성향 및 성취에 필적할만한 작가를 찾는 일이 어려운 이 시점에 더욱 시대적 사조가 점차 미미하고 부분적인 것의 중심으로 흘러가고 있으며 현란한 영상문화의 물결에 밀려 문자매체의 전통적인 상상력이 고갈되어 가고 있는 마당에 정서 회복을 통해 인문적 사고의 내면확장을 재조명 할 필요가 절실하다고 본다.

생애 보람으로 남겨둘 그대
홍 빛 같은 햇살 꽃으로
내 입술을 물들이고
따스한 향기로 내 마음을 불 질려

바다에 빠진 노을 속에 세상을 바라보며
한 조각남은 그리움
내 생애 남겨두고 떠나지 못하게
그대들과 요람을 만들어

〈내 생애 남겨둘 그대 중 초반부에서〉

어느 인문학 박사는 "인문학은 정답을 주지 않는다. 스스로 찾도록 유도할 뿐이다. 인간은 혼자서는 못산다. 결국 관계를 맺어야 한다. 나와의 관계, 너와의 관계, 우리와의 관계, 사물과 자연과의 관계가 중요하다. 그 소중한 관계야말로 나의 삶에 사랑의 의미를 부여하는 "부처님"과 "예루살렘"이다.라고 역설 했다.

최경식 시인은 인간관계의 사랑 뿐 아니라 삶의 언저리에 존재하는 모든 것을 사랑하고 있으며 풋풋한 존재감과 부드러운 심성에서 우러나오는 감정의 소유자로 가을 날 보도위에 떨어지는 한 잎의 낙엽을 보고도 눈물이 주루루 흐르는 여린 감성이 마음속에 자리하고 있는 것으로 보인다.

푸른 하늘에 뭉게구름
아득한 길에 있다고
노을빛 물든 붉은 석양 속으로
차가운 시선 하나 둘 내려놓자
간다는 저쪽
너무 깊어 숲 언저리에 숨고
창밖의 바람 서러워
풀잎처럼 누웠다

바람은 이미 꿈길 밖에서
그리운 봄빛 그리다
이 소리 저 소리 듣고
산국山菊한 송이 피웠다

내 살던 고향
구슬 같은 땀방울 말려가며
아름답고 가난한 추억도 내려놓고
새로운 세상 맞이하듯
바람에 조여 오는 심장 감싸 안으며
정신없이 뛰어가니 햇살 하나가 웃고 있네.

〈세월 전문〉

또한 최경식 시인의 나라와 민족사랑은 각별하다. 36년간이나 나라를 침탈당하고 연이어 동족상잔의 뼈저린 역사 앞에 이 시대에 사는 우리는 무엇을 어떻게 해야 하는지를 고민케 하는 강원도 화천군 백암산 계곡에 위치한 평화의 댐과 비목공원, 비무장지대를 순찰하던 한 청년 장교가 잡초가 우거진 곳에서 이끼 낀 무명용사의 돌무덤 하나를 발견하고 6.25때 숨진 어느 무명용사의 무덤인 듯 옆에는 녹슨 철모가 딩굴고 있었고 무덤 머리의 십자가 비목碑木은 썩어서 금방이라도 무너질 듯 보였다.

화약 냄새가 쓸고 간 깊은 계곡을 붉게 물들이는 석양을 바라보며 시인은 이들의 숭고하게 흘린 피가 헛되지 않기를 바라며 한 맺힌 역사 앞에 비극이 없기를 기원하는 「유월이 오면」을 살펴본다.

이 땅을 위해 말없이 사라진
호국영령의 흔적이 아닐까
잊고 지낸 전쟁의 고아를 찾고

피 흘리며 조국을 지킨
호국영령들의 넋이라도
위로해야 하지 않을까

이 나라를 지킨 영령들에게
묵념을 하고 위로하면서
다시는 비극이 일어나지 않도록
굳게 마음 다짐 하면서
국립묘지를 찾아 꽃송이를 바친다면.

〈유월이 오면 후반부에서〉

최경식 시인은 시詩로 사랑을 노래하고 또한 시詩로 화답한다.

우직하고 순수한 감성이 서정적 화해라 여겨지며 사랑의 원류原流를 시詩에 귀결시키는 집착과 평범한 한 인간의 운명처럼 이어지는 나즈막한 절규가 아닐까?

일상이기보다는 열정적인 감수성을 지니고 내재되어 있는 시어가 용솟음치는 생명력에 희열을 느끼며 시인의 창조적 정신은 현대시가 주창해야하는 과제이며 사명감을 잃지 않고 감정의 발현과 노력이 돋보인다.

형이상학적 비유가 아니면 어떠리오, 오늘날 시단에 횡행하고 있는 난해하고 도저히 이해가 되지 않는 시들이 난무하는데 반하여 최경식 시인은 과장된 수식어를 피해서 은유와 비유를 상징으로 감추고 숨기면서 독자들에게 생각할 기회를 준다는 핑계로 난해한 시어들을 배격하고 남들보다 더욱 쉽게, 또는 정직하게 직설적 표현으로 간략하게 직관하였기에 독자들에게 환영 받으리라 믿는다.

햇귀로 입술을 데우고 마음을 달구어
따스하게 물들여
그리움을 만드는 꽃

그대가 있기에 정든 고향같이 아늑하며
세상에 사는 재미와 기쁨이 생기고
행복을 만들 수 있어
달콤하게 데운 입술로 젖은 향기
그대 가슴에 담아두고 싶은 것

함께하는 그대가 있으니
삶에 에너지로 지칠 줄 모르고
새로운 일을 찾아 쉼터를 만들어
노을빛에 향기의 꽃을 심는 것도
그대들이 동행하기 때문이다.

〈홍빛 쉼터 전문〉

최경식 시인의 시는 사회적 경험과 일상생활의 여러 모습이 잘 포착되어 삶의 현장을 향해 열려있는 숭고한 사랑과 진실을 아무 주저 없는 필치로 엮여져있다. 그러나 아무렇게나 쓴 시가 아니라는 생각이 조금도 들지 않음은 편안한 일상어를 통해 전달하는 메세지는 단순하지가 않다. 난해하고 형이상학적 표현으로 유식한 체 하지 않아서 더욱 친근감이 든다.

최경식 시인의 시는 인간애와 삶속에 환희를 베풀고 사랑하며 온갖 번뇌와 망상도 한편의 시로 승화시키는 아름다운 모습이 돋보이고 나아가서 자연친화적인 화해의 시학을 구축하고 시적 특성을 이어가면서 문득 다가서는 삶의 고뇌와 아픔도 아름다운 시편으로 승화시키기를 기대한다.

청옥 빛 향기

청록 최경식 詩人 3번째 시집

인쇄일_ 2012년 5월 5일
발행일_ 2012년 5월 10일

지은이, 펴낸이_ 최경식
펴낸곳_ 도서출판 청옥문학사
디자인_ 문화마을

등록번호_ 제10-11-05호
주 소_ 부산시 금정구 명서로 94, 101-411
전 화_ Tel. 070-8828-0068 / 051-517-6068
E-mail _ kyu500@hanmail.net

ISBN 978-89-964443-3-6
값_ 10,000원